JN438528

# 어느 여름날의 꿈

이대준 시집

신아출판사

## ■ 저자의 말

짝을 찾는 새는 노래한다. 새는 자신의 감정을 숨기지 않는다. 나는 새처럼 내 감정이 시키는 대로 노래하고 싶었다. 은사님이신 이 세재 선생님께서 시집 이야기를 꺼내셨을 때, 귀가 솔깃하여 그동안 써 두었던 글들을 뒤적거려 보았다. 꾀꼬리처럼 맑고 고운 멜로디는 적고, 까마귀처럼 어두운 것과 아무도 들어주지 않을 것 같은 참새 떼 지저귀는 소리들이 많았다.

마흔이 넘은 나이에 그것도 전문적 작업이 아닌, 흥이 일어날 때 틈틈이 시詩라는 참새 녀석과 놀았기에 기러기 떼 하늘 높이 날아가는 운치 있는 비행은 없다. 조금은 경박한 참새 떼의 비행을 보면서 어떻게 할까 고민하다가 내 품 안의 참새들을 세상 밖으로 날려 보내기로 하였다. 조금 가벼운들 어떠랴. 내 성정을 속이지 않고 드러냈으면 그만이지. 때로는 참새의 노래에 귀 기울여 주는 사람 한 둘쯤 있지 않을까 하는 순진함으로 부끄러움을 견뎌보기로 하였다.

# 차례

## 제2부 난설헌집 풍경

## 제3부 낙숫물

제1부

# 꿩 머리를 후려친 암소

# 가을 단상

거미줄에 잠자리 한 마리
발버둥 한참이더니
거미줄 털어 버린다

쉰이 넘도록
허공중에 거미줄 한 번
걸쳐놓지 못한 내 안에도
저런 몸부림 있었던가

눈에 밟히는 저 날개 짓

어쩌랴
도심 공원에 올라
서릿발 연륜 곱게 다스린
단풍으로 매달려야지

# 어느 여름날의 꿈

코뚜레 줄 길게 늘어뜨린 누렁이 암소 앞마당 두엄자리 아래 철퍼덕 앉아 아침에 먹었던 쇠죽을 느릿느릿 새김질한다 게으른 앞동산 꿩들은 이제야 시장기가 돌아 퍼득드득 동네로 날아든다

나는 가을 들판이 누렇게 핀 쇠잔등에 검정 고무신 한 가득 진흙 퍼다 발라놓고 장독에서 메주콩 한줌 꺼내 진흙 속에 듬성듬성 꽂아둔다 장끼 녀석 고개를 두리번두리번 누렁이에게 아는 척을 하면서 콩알 하나 콕 찍어 빼 먹는다

간지럽다 암소가 파리를 쫓듯 꼬리를 흔들면 꼬리에 달아놓은 빨래방망이 꽝— 꿩 머리를 후려쳐 버린다 마루에서 지켜보던 나는 싱글벙글 기절한 꿩을 주웠다.

# 채석강에서

언제 적 이야기일까
바다가 바위를 향해
하얀 거품으로 부서진 것은

시퍼런 파도의 분노
허리에 겹겹이 층을 만들고
품에 들어 보채는데

이제 그만
몸 흠뻑 적셔 부르는 노래
귀 기울여 들으련만

등 위에 어린 공룡의 흔적
그 사랑 아직
지우지 못한 탓일까.

# 변증법의 죽음

땅 저 안쪽 외따로 살다보면
바다는 잊으려니 했더니
그것도 아니더이다
해안 고랭지 무가 맞는지
해안 고냉지 무가 맞는 말인지
무청처럼 시퍼렇던 시절엔
아삭아삭 잘도 잘려 나가더니
그 덩어리들 이제는
아무리 억센 힘으로 쥐어짜도
도로아미타불이더이다

운동장엔 어둠이 내린지 오래
형광등 불빛에 고개 숙인 아이들
시야를 어지럽히는 활자들
그 아이들 모두가 허여멀쑥하여
이 얼굴이 저 얼굴 비슷비슷한데
반드시 바다로 나아가
커다란 고래를 키워야 한다며
안광이 지배를 철하고 있나이다

어젯밤 바다 한복판 무인도에서
파도에 몸을 던진 무명인은
인형처럼 서러운 삶을 버려
살아있는 영혼을 얻은 것일까
우리는 무엇을 살아야 하는가
생각만 뒤척이다가 오늘도
무사히 잠자리에 들겠더이다.

# 섬

섬 하나 가지고 싶다
인환의 거리 등지고 홀연
작은 섬 하나
찾아들고 싶다
그 섬에 가면
갈색 피부 통통 튀는
원시의 처녀가 밀물처럼
달려온다 하얀 거품으로
내 가슴에 부서져 내린다
처녀와 내가 나란히
낮은 바위에 앉아
발가락 낚시질 톡, 톡
은빛 치어 떼나 차올리다
파도 소리 닮은
휘파람이라도 불련다
바람에 취해 하늘 빙빙
돌던 갈매기
휘파람 꼬리 냉큼 낚아채
파도가락 되돌리는 곳
원시의 비밀 그윽한 그곳에

씻어도 씻을 수 없는
사랑 하나 만들고 싶다.

# 전주천

무주－진안－장수 사람들
아중동에 터 잡듯이
억새는 억새끼리
제방 둑길에서 서성거리고

김제－부안－고창 사람들
효자동에 터 잡듯이
갈대는 갈대끼리
흐르는 물줄기 굽어다본다

고향 가까이 가까이
터를 잡은 그리움

떡갈나무 이파리와
가시 끝 바짝 세운 밤송이
아파트 숲에 가려
갈 수 없는 산골마을

갯지렁이 소라껍데기
끼룩, 끼룩 갈매기 울음

비릿한 갯내음
찾아가는 물줄기가 부러워

전주천에 가 보아라
치술령과 섬나라에 피어난
제상 부부의 사랑
햇살바라기도 그만 지쳐
하얗게 흩날리나니…….

# 주님이 없는 시대

너는 노래 부르기를 좋아했다
땀방울 쌓아올린 방앗간의
곡식 알맹이 훔치는
참새 떼를 향하여
소리 높여 기도드리는 법은
그에게서 배웠다

늦은 가을 날 아침
서리 하얗게 둘러쓰고도
늘 푸른 소나무를 보면서
끙끙 앓는 떡갈나무처럼 서서
돌을 던져도
작은 파문 하나 일지 않는 세상
목이 쉰 너를 보면서

물처럼 잔잔하면
무엇이든 좋다는 사람들이
그와 너무 오래 사귀어
네가 꼬챙이가 되었다 말하면
너는 입을 다물었지만

그와의 이별 뒤
훤한 네 돌팔매질 볼 수가 없어
깃털 같은 사람들
침묵의 중수重水 속으로
끝없이 침잠해 간다.

# 사과

와삭 한 입 베어 문 사과
혀끝에 감기는 은근한 향기
사과는 어찌 향을 품은 것일까

먹히지 못한 시간 흘러갈수록
농익은 몸 후끈 달아
붉은 빛깔 흔들다 진한 향기
멀리 보내는 것을 보면, 아하
먹히기 위해 향을 품는다

호젓한 산길을 걷다 마주친
개복숭아 나무가 와락 반가운 것은
누군가 먹고 버렸기 때문

먹힌 사과만이 먼 곳에
향기를 매달 줄 안다
사과를 먹고 생기를 얻은 자
새끼들에게 젖을 물리고
생명은 춤춘다

지구가 파랗게 돌고 도는 것은
사과를 먹고 있음이다 누군가
뱉어낸 씨를 품어 대지가
꿈틀대고 있음이다.

# 여우와 포도

포도를 발견한 여우
뛸 듯이 기쁘다
얼마나
싱그런 진주 빛 처녀더냐
얼마나 그리던
사랑이 찾아 왔더냐

불타는 눈빛이 통통
튀어 오른다
달콤한 송이 알 향 내음
입술에 닿을 듯
어설픈 이파리 몇 개
입에 물려
파란 상처로 찢어지고

노을 산허리를
감쌀 때까지
허기진 몸짓 거침없더니
이별의
가슴앓이 없다

고개를 처든 종종걸음
멀어져 간다

# 솔섬 소나무

가지 끝에 걸린 태양을
바람이 흔들고 지나간다
기다렸다는 듯 꿀컥
태양을 삼켜버린 파도가
사납게 어둠을 몰아세운다

밀려왔다 밀려가는 세상이거니…

새벽바람에 쫓겨 온 그믐달
가지 끝에서 차갑게 떤다
파도가 입에 거품을 물고
바위를 기어오른다

행여 금이 갈까봐 바위에
잔뿌리 그물을 펴고 소나무
바람에 무동 태운 솔씨
고향 육지로 날려 보낸다.

# 홍시를 먹으며

내 마음에 앞집 숙아
스민 줄 몰랐는데
옆집 아저씨 얄궂은 눈웃음
너 숙아 좋아하지 물으면
부끄러워라 볼이
홍시를 닮아가던 시절

흰머리 하나 둘 늘어가고
그 집에 가보니
거미 마을이 늘어져 있고
무너진 돌담에
여윈 호박넝쿨만 해묵은
동심을 껴안고 있었다.

# 교실 창가에서

등 뒤로 가방이 보이지 않는다
생머리가 길어서 건강한 처녀
발걸음 예전처럼 가볍다

개나리꽃 화안한 길에
초등학교 삼학년 아니 사학년쯤
담장 길 따라 핀 개나리가 좋아
노란 나비가 된 계집아이

그 아이 속에서 코흘리개
나를 보다가
유난히 볼이 붉던 숙아를 보다가
언젠가 교실 속 아이들을
닮으리라 하였다

눈꽃이 지자 아이들은
연초록 이파리 웃음을 남기고
교정을 떠났다
짙푸른 삶 찾아 걸음마를 떼었다

창 너머 푸른 산이 눈에 들 무렵
체크무늬 교복 소녀는
아, 노랗던 개나리꽃 고 녀석

볼이 더 붉어진 단발머리
숙아가 뛰어가고 교실 아이들
좋은 짝도 되겠다며
새치를 따지러 거울을 찾았다.

# 묵정밭

엄마랑 누나 동생들이랑
고구마 캐던 황토밭 잡초
헝클어졌다

알곡을 사냥하여 살진 그들
때문이란다
숲 속 명당마다 궁궐을
짓고 사는 그들은
야생동물보호법을 만들어
눈도 겨누지 말라
으름장을 놓고 산단다

신령스럽다는 단군의 나라
이 땅이 언제 적부터
땅만 파도 좋던 할아버지도
아버지도 아닌 그들을
주인으로 섬겼단 말인가

생각해 보니
북녘엔 승냥이 무리 사납고

남녘으로 오는 길
38선 철조망
촘촘히 늘어 서 있어
백두산 호랑이는 도무지
올 수가 없다

논바닥 여기저기
꿀꾺꿀꾺 인장을 눌러 찍은
부끄러운 자랑
환하게 지워 낼 호랑이
그 산신의 포효는 영영
듣지 못하는 것인가.

# 사월

언제 창문을 열었던가
창이 된 부신 햇살
전신을 찌른다 차라리
눈을 감아 버리자
따사론 연분홍 세상
나른한 계절 흘러가듯
마음 흐늑이 젖어가고
아파트 뜨락엔
새색시 속살인 양
수줍은 백목련 눈웃음.

# 이빨

옆 집 꼬마가 운다
꺼억꺼억 보챈다
할머어, 할머,
이빨, 이빨이 없어
말귀가 어두운 할머니
손자 녀석을
꼬-옥 안아
등을 토닥거린다

지붕에, 더어, 더어,
던져야 하는데
숨이 꼴딱,
넘어가는 아이를
하눌님 하눌님
우리 손자 이빨 나게
해 주시라 닭똥 같은
눈물을 훔친다.

# 앞동산

한 떼거리 가시내들 몰려와
몸뚱이에 벌건 생채기
갈퀴자국 남기고 돌아가면
이번에는 사내놈들 우르르
몰려와
전쟁놀이 도둑놈놀이
곰보 얼굴 성할 날이 없었다

소금 뿌린 듯 쓰라린 밤
갈퀴자국 고무신 자국에
서릿발 칼날로 우뚝 섰어라
산은 바람이 시키는 대로
휭~휭 소리쳐 울었다
밤새도록 울면서
환한 달빛만 거둬들였다

팔공산을 내려온 먼동이
어둠을 밀어가고
등 뒤로 책 보퉁이 엇갈려 맨
아이들 골목길을 나서면

그 순한 머리 위에
달빛 품어 빚은 햇살
솔잎 사이사이 풀어놓았다.

# 진품명품을 보면서

추사의 불기심란도 십억 원

집에 노비문서라도 있었더라면
심기분란도하게 우리 할아버지는
그런 것마저 남겨놓지 않았다

그런데, 볼이 말라붙은 병호도
해질녘이면 노을처럼 취하는
길종이도 여지껏 그런
문서 자랑 한 적이 없지 않은가

뒤집은 속 입술을 잇몸이라
억지를 부리는 아들 녀석
가지런한 잇속이 진품명품이라
不欺心蘭 키워볼 일이다.

# 자화상 · 1

모악산 금산사 산행 갔다
달라붙은 피부병을
급히 몰고 응급실로 향한다

건물이 자동문을 열더니
하얀 보자기 뒤집어 쓴
침대 하나 무심히 굴려낸다

하늘 치받은 격한 울음들
방울방울
아스팔트를 적신다

나는 수포로 얼룩진 손등을
재빨리
주머니 속에 찔러 넣었다

코 끝 점점이 찡해오는데
주머니를 빠져나온 손등이
노랗게 부풀어 오른다.

# 길

등 뒤로 엇갈려 맨
책 보퉁이
부지깽이 달궈
구멍 두 개 내꺼
검정고무신 몇 짝
시끌벅적 가던 길

지가 사는 동네
영-호남도 모르면서
라디오 들었다며
비 온다 안 온다네
붉히는 얼굴들

하우리 제각 집
돌담 밑 토란잎에서
밤새 꿈을 키운
물방울 몇 개가
재밌다고 대롱대롱
웃다웃다 지던 길.

# 호박꽃

숙아네 돌담에서
아침이 열리더니
골목을 굽이돌아
두 자씩 서너 자씩
수줍은
사랑 한 송이
샛노랗게 벌더라

사이길 넘나들며
파르 떠는 입맞춤
겉 속 다 검은 벌아
대캉 꺾어 옹다무니
숙아게
앗긴 내 혼이
지웅지웅 울더라.

# 낙하산

소작인 마을에 큰마름이 새로
온다는 소문이 돌았다
사람들은 한결같이
그러면 안 된다고 말했다
마름에 오르기 위해 오랜 세월을
벗은 몸 겨울나무처럼 묵묵히
추위를 견뎌온 마음씨 좋은
어른들이 많았기 때문이었다
소설 붉은 산의 주인공 익호를
좋아했던 청년은
하루에도 수십 번씩 손안에서
방아를 찧는 방아깨비처럼
지주 댁 문턱을 들랑거렸으나
문지방을 넘을 수는 없었다
여섯 살 딸아이 앙증맞은 손길이
두 다리를 움켜잡았기 때문이었다
별이 지고 달이 기우는가 싶더니
어느 날 소문을 확인하려는 듯
점잖아 보이는 사내가 마을을 찾았다
소작인과 큰마름의 소통역할을 했던

나이든 중간마름은 울먹울먹
짐을 꾸려 떠났고 그것으로 끝이었다
동학 년 동학당 할아버지의
제사를 모시는 사람들은
슬퍼하거나 분노할 수 없었다.

# 카스바의 여인

부산의 한 나이트클럽에서
카스바의 영혼을 부르는
늙은 가수의 노래를 듣는다

아시아를 어찌해 보겠다며
'重亞'라 했다던가
그의 노래 '내게도 사랑이'
거리를 휩쓸던 시절
신문 연예란에는 매일처럼
대문짝 이름 '咸 重 兒'

이름자에 '亞'는 쓸 수 없다는
점잖은 기자님의 타이름에
'무서운 아이들' 되었다는데
아이들은 도무지 무섭지가 않아
뻗치던 기세 꺾이고 말았던가

'亞'가 못 되는 '兒'같은
사람들이 어찌 알겠는가
그 기특한 문자 속을

지식을 부릴 줄 아는 신문기자는
오늘은 또
무엇을 멋대로 바꾸어놓고
점잔을 빼고 있을까.

# 산골 아이

십이월 햇살 반짝이는 오후
엄마가 갈퀴나무 해오라 성화다
망태 둘러매고 산길 가는 아이
아무리 둘러봐도 갈퀴자국 뿐
솔잎이 없다
깊은 산 더 깊은 산 속으로
어디까지 왔을까
숲 속 저만치 너럭바위 보이고
먼저 온 토끼 녀석들
간을 씻어 바위에 널어놓고는
새근새근 맛나게 잠들어 있어
동그란 눈 토깽이 두 귀를 잡고
등에 진 붉은 노을 콧노래
흥얼흥얼 초가집 찾는 아이.

제2부

# 난설헌집 풍경

# 난설헌집 풍경

호랑이 장가가던 날
김대감집 처마 끝에는
암탉 두어 마리
날개깃에
목을 묻었습니다
마루 밑에 누렁이도
활처럼 허리를 모으고
잠이 들었습니다

뒤뜰 감나무에서
단풍 든 이파리 하나
수직으로 나립니다
일모수죽에 기대어
무지개를 바라보는
새댁의 비녀 끝에서도
또ㅡ옥
빗방울 떨어집니다.

# 선인장

땡볕 모랫벌 건너
먼 별을 그리
가리키다가
검불된 목숨이
하나, 둘.......
신기루처럼
언덕을 넘어도

무너진 세월 내내
가시 끝 세워
어둠을 뚫고
별 하나, 별 둘....
꿰어 마침내
열어낸
꽃덤불 신새벽.

# 근시

어떤 이가 물었다 책을 읽어 무얼하냐고
좀 더 멀리 보려 책을 읽는다 답하고
뒤통수가 근질거려 곰곰 헤아려 보았다
컴퓨터를 하고 텔레비전을 보다가 하릴없이
그 늪에 빠져 있는 나를 발견하고는
그때서야 어렴풋이 짐작할 수 있었다
멀리 있는 것들이 자꾸만 멀어진다는 것을
틀을 읽고 틀을 엮어 견고한 성을 만들고
성벽만 바라보는 근시가 되었다는 것을
머릿속에서 돌보는 가난한 사람들 있어
그들을 찾아 다리품 팔 일 없었다는 것을
도시의 사람들이 물으면 변명할 것이다
아파트 때문에 산을 못 본지 오래라면서.....

# 덕적도 갈매기

큰물섬에서 대부도 선착장까지
기름 타는 냄새를 끌고 가는 여객선
펄펄 끓는 백열길을 만든다
새우깡을 던지는 사람들이나 새들이나
끼룩, 끼룩거린다
백화점 세일이면 몰려드는 도시의 풍경처럼
닮았다

자월도에서 배가 멈춘다
어쩌다 맞는 일요일을 어찌할 바 몰라
흐느적 흐느적 하루를 보내는 사내처럼
흔들리는 물결에 몸을 맡긴 목숨들
돌섬에서 파도를 희롱하던 노래는
별빛보다 찬란한 불빛
항구를 향한다

뱃고동이 울리자 다시
활처럼 당겨진 비행기 날개들
출근 전 자동차가 앓는 쇳소리가 난다
공원에서 끼니를 해결하는 비둘기처럼

여객선을 좇는 유전자 하나 더 늘어난 것은
파도가 뱃머리에 부서진
그때부터였을까

조개 쪼던 기억을 잃어버린 갈매기
태어난 도시가 그리워 그까짓
일박 이일을 못 참아 돌아가는 사람들처럼
바다가 뱃길을 지우고 지우고
파도를 몰아 뱃머리를 막아서 보지만
여객선 엔진 소리는 변함없이 힘차고
갈매기는
배꼬리를 물고 놓지 않는다.

# 교정 비둘기

교실과 운동장 사이 소나무에
비둘기 가족이 산다
해질 무렵 운동장에는
손톱에 스민 봉숭아꽃처럼
진종일 태양을 녹여 온 얼굴들
나풀나풀 흩어져 나리고
교실 전등불이 하나 둘 켜지면
열여덟 여고생들은
전등불보다도 환하게
머릿속을 밝혀야 한다
비둘기 부부는 운동장과
교실을 번갈아 바라보면서
고개를 갸우뚱거리다
서로 몸을 기대고 잠을 청한다
아침 출근길에 본 비둘기 둥지엔
여린 날개를 곧추 세운 어린 새끼
둘만 남아 키재기를 하고 있었다
그동안 장마가 있었고
교사 보수 공사가 계속 되었지만
비둘기는 새끼들을

어미인 듯
아비인 듯
하얀 솜털 간지럽게 키워 놓았다
이제 곧 교실 속 처녀애들도
맵찬 날개 짓 교문을 나설 것이다
그 시린 비상을 보면서 소나무가
하얀 속살에 갈빛 화형 하나
옹동그리고 또 그렇게
운동장 어귀에는
햇비둘기 한 쌍 쫑강대는 것이다.

# 야생화

안개비에 갇힌
나무 풀 이끼 낀 바위
무심이 젖는 산
보일 듯 말듯 흔들리는
몸짓이 하나 둘 셋.....
하늘이
산마루가
보이지 않아도
흘리우는 염화미소.

# 겨울 산

밤 세워 어둠을 밝히셨나
머슴밥 소복이 담은 듯
푸지게 빛나는 새벽 산
하얀 깁 두른 나뭇가지가
사내에게 말을 걸어도
사내는 그저 걷기만 하는데
언제부턴가
사내의 볼에는 바알간
부끄럼꽃이 피어 있었다.

# 노을

땡볕 쏘인 콩잎 같은 하루
막걸리 집 문턱에 멈추어 서서
시뻘건 잉걸불 한 덩이를 본다
아버지 또 쇠죽을 끓이시는가

평생을 소처럼 새김질만 하셨지
해질녘 짊어 온 고자배기처럼
검붉은 손이 지푸라기처럼
질긴 하루를 오래오래 삭이셨지

아궁이 불길 하늘을 달궈
때 아닌 복사꽃 세상이 열리면
방안에서 들려오던 할아버지의
밭은기침 소리 잦아들었지

아버지, 저기서 할아버지 얼굴에
핏기를 돌리시는가
생전에 드시던 사발막걸리
하이고, 환장허것다.

# 유황오리 집에서

널찍한 주둥이
미끌미끌한 미꾸라지 정도는
덥석 잡아 넘기지 목 치켜들어
목청껏 부르는 노래 가볍게
흔드는 엉덩이춤 스르르
물위에 미끄러질 줄도 알고
무성한 돌길도 설겅설겅
뛰어다닐 줄 알아 게다가 가끔씩
날개를 퍼득여 날기까지 하잖아
그래 자랑스러워 할만도 해
사람들은 너를 보며 얘기들 하지
부럽다 닮아야 한다고 그러나
열 가지 재주를 가진 자
빌어먹기 십상이라는
조상님 말씀을 아주 잊어서
아무도 흉내 내지 못하는 원숭이
나무 타기는 영영 잊었지.

# 아내

땡볕 가득 담은 세숫대야
기력을 잃은 파리 한 마리
멈췄다 다시 비이잉 돈다

내 눈망울 속에서
파리는 화석으로 굳고
내 얼굴 또한
수면 깊숙이 스미더니
파리는 내가 되고
나는 파리가 되었다

내가 손을 내밀자 그제야
생명이 된 파리는
신에게 인사하는 듯
내 생명을 기원하는 듯
한동안 앞발을 비비더니
태양을 향해 사라져갔다

부처의 손바닥 내 손을
물끄러미 보았다

나에게 부처가 어디 있더냐
대얏물에 동동 뜬 얼굴이
희미하게 웃고 있을 때
언제 나왔을까 등 뒤로
수건을 든 여인.

# 부채의 노래

친구야 우리 이제
창문을 열자
먼 산에서 온 친구
서성이고 있는지 모르니
그와 우리 손을 맞잡아
나는 몸을 흔들고
그대는 손을 흔들자
그러다 보면
이마에 짠 이슬
소리 없이 스러질 테니

그대는 온 종일
매끈한 몸뚱이 에어컨
저 친구와 함께 살아 이제는
잠시 조각 볕마저도
힘겨워 인상을 찡그려 그래
아프리카 아이들처럼
불볕 따위는
아예 무시해 버리던
유난히 흰 이만

뛰어 놀던 그날로 가자

친구야 우리 이제
창문을 열자
와상은 없어도 옛날처럼
하늘엔 아직도
달
별
구름
서걱서걱
흘러가고 있으니......

# 우리 동네 김씨

바위를 굴려 행복한 시지포스
땅 끝 바다에 가면
개똥밭에 굴릴 바위가 있을까

파도를 말아 절벽을 밀어 올리는
새들의 몸짓, 새털구름이다
날기 위하여 뼛속까지 비웠다는
그들이 아닌가
돌멩이나 차올리며 서성이다가
돌아오는 길 포장마차에서
메추리구이 한 마리를 시킨다

한 잔 소주와 함께 입안에서
다져진 날개가 납처럼 무거운
몸을 깨우나보다 혈관을 거슬러
새 한 마리 날아 오르나보다
붉게 상기된 얼굴이 한참이나
텅 빈 달을 보며 중얼 거린다

만월, 셋씩이나 생명을

잉태했던 집 만삭이다 아니다
만지작만지작 초승달 몸매를
추억하는 거룩한 뱃살이다
그녀에게 물찬 제비집 요리는
언제쯤 선물할 수 있을까.

# 손톱

내게도 사랑이 있어
멋대로 톡톡 잘라
이별을 칼질하지 마

물것들이 물든 세상
날마다 붉어 오는
네 아토피의 흔적

내 손끝의 실핏줄이
네 등판 구석까지
–살–강–살–강–
긁으면서 살 거야.

## 소명

옆에서
곤히 잠들었던
그녀가 갑자기
꺼억꺼억 운다

꿈속까지
따라온 못된 놈에게
옹글 쥔 주먹
대신 맞은 것이다

부리나케
냉장고에서 꺼내 온
아이스 팩이
서럽다 운다.

# 눈 내리는 풍경

고랑동의 봄-여름-가을을
설렘 속에 키워왔던 알곡
태풍이 쓸어 간 듯 사라지고
기계가 밟고 간 발자국
휑하던 논바닥아 이제 그만
할퀴고 지나는 바람 잊어라

동부 우회도로를 걸어가는
자동차의 무리도
속도를 잊은 여유에 취해서
비틀걸음 걷지 않느냐
달음박질이 사라진 세상이
무채색 빛 발하지 않느냐

동산역까지 가쁘게 달려온
컨테이너 속 무거운 짐짝들아
고단한 여정 길에
야무지게 묶어두었던
고향 이야기 풀어 놓아라
몰랐던 길동무의 전설에

끄덕이며 끄덕이며 쉬어라

학교운동장에 나선 아이들
군청색 교복 안에 쌓였던
돌 응어리 한 뭉치 두 뭉치씩
꺼내 들고 팔매질을 한다
터지는 웃음소리에
하늘
하얗게 부서져 나린다.

# 은행나무

포도를 구르는 노란 은행잎
삶은 끊임없이 타박거린다

하얀 눈 소복이 쌓인 어느 촌가
누런 볏짚이나 씹으며
쑥 잎 뜯었던 향긋한 기억 아주 잊어
슬픈 눈 황소가 보인다
어제만 새김질하는 황소처럼 내
박제된 하루가 이렇게 가는가

비 갠 저녁 무렵
동네가 둘러 싼 공원에 앉아
하늘을 본다
달은 언제나처럼 멀지만
밤공기는 잠든 머리를 씻긴다
발밑에서 발견한 네 잎 크로바
삶이란 어쩌면
그 싱그런 웃음을
기억하는 일이 아닐까

도로 가 은행나무가
자동차의 시린 불빛을 받아내고
서 있다
동토의 끝을 녹여 틔워 낸
은초록 물결을 그리는 것일까
땡볕에 숙성시킨 알맹이
묵직함을 생각하는 것일까
타박거림 속에 영그는 게
사는 것이라 끄덕이는 것일까

# 산토끼

엄마 아빠 다니던 길에서
겁 많은 눈 숙아를 만나
아이를 낳고, 아이들 데리고
봄을 기다려 새순을 뜯다가
여름이 오면
떡갈나무 그늘 찾아 잠시
땡볕을 삭였다.

그것을 보고
간이 배 밖에 나와
용궁을 꿈꾼다 하는데, 이제
거북이는 승부하지 않는다
가을 기다려 도토리 줍다가
겨울이 오면
간을 졸이며 하얗게 사라진
길 찾을 뿐이다.

# 목욕탕에서

대리석 벽에서 튀어나와
몸을 뒤튼 알몸의 여인은
육감적이다

다리를 절며 무너질 듯
바닥을 끌고 가는 사내는
마흔이 넉넉해 보인다
물먹은 눈빛이
한참이나
여인을 쏘아보다 떠난다

수증기에 숨죽인 사람들
사내에게 눈부리를 겨누고
천정에 매달린 총알들은
내 알몸을 엿보며
스멀스멀 부풀어 오른다.

# 지킬 박사와 하이드

사람들 잰 발놀림이 곧장
사라지는 공단 길
비릿한 향내가 인도하는 대로
지킬 박사를 만나러 간다

규칙을 존중하는 쇳덩이
생명처럼
그 분의 시중을 들다 보면
하늘로 치솟는 굴뚝 연기 저만치
태양이 붉게 사그라지고

삼천 원짜리 소주로 만난
하이드 씨가 자유를 유혹하면
후련한 가슴이 한참이나
지킬을 성토하며 깐죽거리다

토막 말 아이의 전화에 끌려
대문 앞에 서면
나는 하이드의 그림자를 벗어
계단에 길게 늘여 붙인다.

# 못난 파프리카

낡은 스티로폼 화분을
이리저리 옮기시는 어머니
물을 주신다
지난 봄 어느 날
몇 포기 고추모와 함께
우리 집 마당에 터를 잡은
파프리카 세 그루
두 그루는 노랑 빨강 열매들
알찌건만
한 그루는 열매가 없다
열매 없는 녀석에게
한 바가지 물을 주시며
'서둘러 꽃을 피워야제'
불편한 몸 사십이 넘도록
장가 못 든 막내를 보듯 연신
화분을 만지작거리는
어머니
못난 놈에게
함초롬 눈물을 주신다.

# 시詩

살아 있는 노래를
엮는다 그러나
내 말은
단속반이 지나간 뒤
흩어져 뒹구는
잡것들

밀짚모자 사내가
허공을 오르내린다
차곡차곡
줄을 서는 배추들
파란 노래
귀청이 아리다.

# 잉글리쉬 코리아

말을 못하는 털보아저씨
그래도 아이들은
쉬는 시간마다 몰려 와
가자미눈을 뜬다
털보아저씨 혀는
봄바람 버들처럼 가볍다

털보아저씨 입가에
살가운 주름 파란 눈은
아이들만 보면 총총 빛난다
까만 눈동자 아이들도
털보아저씨 수염만큼이나
몰려서 오늘도 즐겁다

나만 들을 수 없는 소리
아침부터 저녁까지
헬로 미스터 죤 죤 죤
당겨진 활 같은 얼굴들
털보 아저씨를 만나면
헝클어진 실타래가 된다.

# 2010 서울

고향친구를 만나러 서울까지 가
부부만 사는 녀석의 서른두 평
아파트가 아닌 찜질방에서 잠들다
휑한 바람처럼 돌아온 날

황색등을 본 새벽 시내버스가
속도를 높이자 낯이 벌게진
신호등이 냉큼 버스를 낚는다

관성의 법칙을 거스른 사람들
손잡이에서 비틀어지고
뒤에서 굴러 온 통 하나가
장쾌한 소음으로 터져버린다

살갗을 파고드는 비릿한 냄-새
몸빼 아줌마 보이는가 싶더니
"기사님 참말로 지송해유 지가
젓통을 잘 못 간수했구만이라"

키득키득 웃음을 타고 몰려 온

새우젓 짜릿한 향내가
굳은 내 실핏줄을 어르고
겨울로 박제되었던 낡은 빙벽이
녹아 허물린 날.

# 권태

빛줄기 땅을 낚아 올리고
그 줄에 감전된 몸이
나른나른 산길을 걷는다

거리에서 내 귓불을 잡고
따라오던 사람들 소리
산을 넘다 뚝, 숨넘어갔다

폼페이 최후의 날인 양
녹아내리는 도시의 꿈들

발끝에서 흔들리는 풀잎
가슴에서 울던 억새꽃들이
하얗게 머리를 풀었다.

# 제3부

# 낙숫물

# 낙숫물

초등학교 3학년 때 참 이상한 급훈
바위를 뚫는 낙숫물이 되자

처마 끝에 겨우 모인 물방울이
바위를 뚫을 수 있는가
연신 쫑알거리며
큰 돌 작은 돌 튄 길을 걸었다

짝사랑 숙아와 결혼하던 날
발부리 걸어 생채기를 냈던 돌들
슬그머니 품 안에 녹아들 때에야
어렴풋이 그 뜻을 알 것도 같았다

머리털이 하나 둘 빠져나가고
처마 밑에 앉아 담배를 피우는 내
정수리에서 반짝 흩어진 목숨아

옛날의 가르침 다시 선문답 되어
처마 끝에서 대롱거린다.

# 겨울나무

골목길에 벗고 선 나무
송이송이 어깨에 매달리는
연민이라는 단어, 나는
옛 친구와
한 잔 술을 기억하였다

토끼를 몰아
산 너머에 떨치고 왔던
매운 겨울과
상수리나무 틈에서 끌려나와
뿔을 치켜든 사슴벌레의
여름을 핑계로
밤새 술잔이 부딪쳤다

유행가 한 자락에 놀란
눈꽃송이 흩어진다
보름달보다 환한
설원이 흐른다 여전히
봄을 손가락질하는 나무

홧김에 발길질을 하고
오줌을 뿌려보지만
고독 한 모금을 꿀컥
삼켜버린 나무는
부르르 떠는
취객을 아랑곳 않는다.

# 아버지의 지게

지게 작대기로 사셨던 아버지
가끔은 그 메마른 모습에 기가 질려
나는 아버지처럼 살지 않으리라
봄버들처럼 나긋나긋 살리라 했었다
이제 아버지는 별 하나로 떠 있고
나는 아버지를 닮은 아들을 키운다
아들은 종종 아버지에게 보였던
어린 시절 내 눈빛을 보이곤 하는데
그럴 때면 곤두박질치는 유성처럼
아찔하게 스러지는 아픔을 안는다
나 역시 작대기로 굳어버린 것일까
한평생을 빛난 적이 없었던 분
그러니 하늘 저 뒤편에 계시겠지
아버지가 그랬듯 나도 보름달
저 탈출구를 지나 그 세상에 가면
허탈한 표정이라도 반겨 주실까
뒷동산 할미꽃처럼 고개를 떨구다
바라보는 달은 차갑기만 한데
한 짐 단단하게 짊어진 아버지가
얼음 달을 조각내고 걸어 나온다

썩은 나무 고자배기가 아닌
일렁이는 파도의 버들 짐을 지고서
언제였던가, 슬그머니
도망쳐 버린 봄버들, 아버지에게
붙들려온 녀석이 파란 몸부림이다.

# 풍경

노란 개나리 울타리
연분홍 금잔디
하얀 살구꽃 목련화
줄줄이 터지는데
유리창 밖에서
유혹으로 터지는데
창안에 갇혀 버린
열여덟 가시내
가시내들 허연 얼굴
언제 쯤 핏기 돌려나
붉은
꽃망울 터트리려나.

# 화살

당겨진 만큼의 속도로
울면서 떠나는 여정

낯선 허공을 떠돌아도
얇은 휘파람 소리로
삼삼한 포물선 그린다

가쁜 세월 달려
과녁이 막아서면 종착역
한바탕 부르르 떨고
짧은 생
말없이 받아들인다

정곡을 찌른 이야기는
남은 자의 몫
그의 몫이 아니다.

# 염소와 할머니

저수지 둑 위에 혼자 섰다
물결이 식은 햇덩이를 핥으며
길게 늘어진 산 그림자를 살랑살랑
흔들고 있었다
물버들 가지에 걸린 뱀 허물이
잔바람에 파르르 떨면서 스멀스멀
내 안에 기어들었다

어여 가자 가서 쉬어야제
허리가 꾸부정한 할머니 한 분이
염소를 끌고 있었다
노을을 삼켜버린 염소가
앞발을 땅에 박고 애처롭게
뜨거운 노을을 토하고 있었다
할머니는 힘없이 주저앉아 버렸다

할머니가 일어나 다시
길을 재촉하기 시작했을 때 염소는
할머니보다 앞서가고 있었다
아기 염소 한 마리가

몸을 뒤틀어 튀어 오르며
어미를 따르고 있었다

눈앞에 가지런히 놓인 구두를
한동안 내려다보았다
신발이 막내아이의 그것처럼
작아지기 시작했다
나는 부랴부랴 시린 발을
그 안에 구겨 넣었다
물에 빠진 아기별이 솟구치며
검은 수면을 들이받는다.

# 교실 2013

푸른 제복의 청년을
만나러 가는 길
가마솥에 삶긴 무청이다

전쟁터 폭격 맞은 듯
따뜻한 체온을 베고 누운
낯익은 모습과
총 맞아 구멍 난 이성들

삶긴 무청처럼
노련한 지휘관의 지혜는
멀리서
메아리치는 포성이다

우리가 지뢰밭으로 내몬
청년들
부러진 발목을 끌며
오늘을 걷고 또 걷는다.

# 똥개송

모가지 졸라매고 삼년을 꼬리치다
미우나 고우나 꼬랑지만 흔들다가
초복인가 중복인가
개기름 삐질삐질 찾아 온 개장수 놈
그 개백정 놈한테 모가지 질질 끌려
쇠창살에 처박힌 나 똥개 똥개
그 속에서 엿보다 살 기회를 엿보다가
주인 눔 아니 쬐꼬만
그 아들놈한테까지 걷어차이면서
송곳니 한번 못 드러내 해죽댄 나
꼬리치고 비비꼰 나 개XX이라 욕하다가
옆 창살에 개 거품 헐떡이는 말라깽이
백구란 놈 낑낑 소리
니 인생도 개XX로구나 고개만 끄덕끄덕
늘어져 축 처진 내 젖가슴 바라보다
옆집 멍순이는 일곱 마리 여덟 마리
참말로 잘도 내 지르더라만
이 년 전 두 마리 일 년 전 또 두 마리
자식 복도 더럽다고 투덜투덜 댔더니
오늘 요 꼬락서니 적게 낳길 잘 했도다

고 귀여운 새깽이들 어디에서 잘 살것제
혹여나
사료만 사료만 처먹다가 먼저 간 건 아니것제
어느새 도착했나 피비린내 도살장
개백정 놈 놓칠세라 살금살금 문을 열고
죽은 듯이 누었던 나
활짝 문 여는 순간
잽싸게 순식간에 튀어 튀어 나왔제
개백정 놈 본전 생각 울그락 분기탱천
이리저리 잡으려고 안간힘을 쓰건마는
원래부터 느린 놈이 뭘로 어찌 잡을쏘냐
쓰레기통 뒤지다가 슬금슬금 눈치보다
길거리를 달리다가 자동차에 치일 뻔하다
남의 집 기웃거리다
기름기 번지르르 시베리안 허스키 놈 큰 소리에
간이 콩콩 콩알만 해 도망치다가
개XX이야, 넌 덩치도 큰 놈이 복도 참 많다

어떤 놈은 똥개 혈통
어떤 놈은 귀족 혈통

잠시잠깐 미쳐서 웃다가 울다가
무지무지 부러워 하다가
어찌어찌 구사일생 도착한 곳 여기 태백
편한 밥 먹지 못해 힘에 부쳐 돌아보니
산토끼 멧도야지 새깽이들 널렸더라
모가지 매여 살고 눈치 보며 실실댄 삶
생각하면 눈알 튀고 살 설설 떨리지만
눈 오면 나뒹굴고
비 오면 바위굴도 기막히고
내 몸대로 달리다 산꼭대기 오르니
이제야 알겠도다
나는, 나는야 똥개 똥개
고삐 풀린 망아지 똥개 똥개 똥똥개
나 ..나 ....컹.. 컹... ... 똥개...똥개..

# 지렁이

검은색 선글라스로 눈을 가리고
검은색 승용차를 몰고 가는
뱃살이 통통한 아저씨는 아마
브레이크도 밟지 않았을 거야
아니, 너를 보지도 못했을 거야

이골 저골 벌거벗은 몸들이
죽마를 타고 놀아 좋았던 시절
가마솥에 끓여낸 국숫물을
시궁창에 쏟아 붓는 어머니에게
그러면 수채 구멍 막힌다면서
눈을 흘기셨던 할머니가 너를 보면
쯧쯧 혀를 차시겠지만
할머니는 돌아가신지 오래

아지랑이 훈김이 현란한 이 길을
차도에 납작 붙어 맨살로
기어가는 순한 목숨아
널 위해 두 손 모으는 이 없어도

다행 아닌가, 여기는 개미떼마저
기웃거리지 못하는 세상.

# 팔복동 사내들

새벽부터 휘두르는 공장장의 손길 따라
테니스공은 가볍게 튀어 올랐다
얇은 휘파람 소리로 네트를 넘어가
모서리를 절묘하게 걸치는 공처럼
사내는 기름기 번지르르한 귀퉁이 길을
노마처럼 편하게 걸었다
몇 번인가 통통 튀며 환호성을 지르던 공이
흙먼지를 안은 채 그만의 방에 들었다
광장의 문이 열리자 손때 묻은
사내의 밀실이 열렸다
빛바랜 형광등처럼 해묵은 사람들
담배연기에 엉겨 붙은 육두문자가
툽툽한 정처럼 술잔에 넘실거렸다
한낮의 매운 찌꺼기들이 목구멍을 타고
벌컥벌컥 장으로 쓸려 내렸다
공장이 즐비하게 늘어선 동네
전주시 팔복동 팔복감자탕집에선
라인 밖으로 튀어나온 테니스공들이 모여
흙투성이 하루를 털어내고 있었다

팔복팔복
감자 닮은 세월을 끓여내고 있었다.

# 통일 전망대에서

사람들은 목청을 뽑아 노래를 부른다
단장의 미아리 고개에서 가거라 삼팔선까지
간드러지게 혹은 묵직하게 그러나,
눈물은 없다 구르는 술병 따라 흩어지는
박수가락 뿐

철없이 질주하던 관광버스가 멈춰 서고
전주에서 겨우 다섯 시간
더 이상 올라 갈 땅이 없다
망원경 속에는 오래된 성 몇 채가
그림자처럼 서 있고
가로놓인 강물은 뿌연 안개 속을 흐른다

호기심을 잃어버린 사람들은
볼 것도 없다며 컵라면 하나씩을 챙겨 들고는
뚜껑을 뜯어내며 히히덕거린다
뜨거운 물을 쏟아 붓자, 엉킨 수세미처럼
목숨 줄 놓았던 면발이 풀리고
훈훈한 김이 모락모락 피어오른다
목구멍을 타고 넘어오는 감촉이 후련하다

견고하게 굳은 면발이
만지면 부서져 버릴 면발이
따뜻한 물 한 주발에 술술 녹아나듯이
너와 내가, 그래서 우리가 녹슨 철조망
시원스레 걷어줄 한 주발 물이 되어
언 땅에 고일 수만 있다면

그러나
강은 짙은 안개 속에 숨어있을 뿐이다.

# 고드름

아침 햇살이 들지 않는 뒤꼍
처마 끝을 붙잡고
오롯이 한밤을 견딘다

바람이 불고 어둠 깊을수록
눈물 한 방울 떨구는 법 없다
안으로 안으로
단단한 투명 빛 빚어
스스로 빛이 되고야 만다

우리가 두툼한 외투를 입고
자동차 바퀴에 끈끈이 액을 뿌리고
쇠사슬까지 감아두고도
행여, 미끄러질까 빙판길에
고분고분 길들어갈 때

고드름은
날이 풀리는 때를 기다려
언 땅에
거침없이 부서져 버린다.

# 실업

술자리 끝에 계산서가 나온다
텅 빈 주머니
천천히 술기운이 가신다
터벅거리며
집으로 돌아가는 그림자 하나
달빛이 필요 없는 도시의 빌딩이
자동차 헤드라이트 광선에
숭숭 뚫린다 부서져 내린다
그가 키우는 장미마저
죽고 없는 까만 밤은
무심히 흘러서 가고 어제도
실패한 동트기는 연습인 양
오늘도 쉽게 되풀이 된다.

# 춘향의 영정 앞에서

머리로 노래를 부르는 사람은
사랑도 헝겊조각 잘라내듯
그리 쉽게 재단한다 하는데

씨줄 한 올 날줄 한 올
한 올을 짜 올려 비단결 엮은
그런 사연 손 편지 한 번
보내본 적 없는 사람이
알 수 있을까

선산발치에 묻어주오 춘향이
마음은 진흙 빛이라
은비녀가 탐이 난 몸짓이라며
독하다 혀를 차며 웃는데

선산발치에 묻어주오 도련님
죽어도 못 가오 불여귀 연정
그런 사연 손 편지 한 번
받아본 적 없는 사람이
알 수 있을까

박 속 같은 가슴 깊이깊이
숨겨둔 사랑노래를
그리 쉽게 찾을 수 있을까.

# 거미

사무실 옥상 귀퉁이마다
팔 다리를 늘어뜨린 거미가
허공에 매달려 하염없이
누군가를 기다리고 있었다

인도에 쭈그리고 앉아
푸성귀를 닮아가는 할머니
나들가게의 김 씨 아저씨
이발소의 허 씨 아저씨도.....
밤이 깊을수록
밝아오는 불빛으로
누군가를 기다리고 있었다

모두들 어제처럼 기다랗게
그림자를 늘이고 있었다
삶이란 어딘가 점을 찍고서
줄을 타는 열없쟁이
광대의 몸짓 같은 것일까

오늘 아침도 나는 스르르

거미줄 길에 미끄러져
사무실 의자에 점을 찍었다.

# 손수레 할아버지

눈이 부시는 태양은
부담스럽다
제트기 지나간 구름길을
새들이 난다
훌훌 털고 가는 그들은
비 젖지 않는 자유다

손수레의 궤적이 비록
가파른 찻길이어도
까만 밤 저 별들도
초롱 들고 불면인데
지금 딛고 선 이 지구도
끝없이 돈다는데

할아버지
박스를 찾아 끌며
용머리 고개를 오른다
궤도를 벗어난 별이
빠르게 죽어간다는 것
이제야 알았다는 듯.

# 자화상 · 2

곰팡이 슬은 슬레이트 지붕
곤두박질 칠 듯
불안한 몸짓
일직선이라는 단어는
할아버지도 모르고 살았다

참새 한 마리 힘찬 날개 짓
잡을 듯
잡힐 듯
가까스로 엇갈리는 초점
불규칙 여정 그치지 않는다

똑바로 날지도 못하는 병신
참새가 지붕 너머로 곧장
사라져 버렸어도
나방이 사는 법, 삐뚤빼뚤.

# 소주를 마시며

재 너머 아재가 오시던 날
텃밭의 토란 알 몇 개도 따라왔었다
학독에 깨를 갈아 체에다 거르면
톱톱한 국물 냄새가 마당귀까지
술렁, 술렁거렸다

못치기 하는 조카들을 보며
고놈들 참 잘도 생겼다 하시면
엄마는 박속같은 낯꽃을 피웠고
아버지는 말없이
복찌개 술잔을 기울이셨다

살구나무 등걸에 으스름달이
토방마룰 엿보고
고샅길 나서는 아재의 밥그릇에는
이팝꽃 환한 마음이 반이나
남아있었다

토란 알 살지다는 이 가을날
내게로 오는 따순 바람 없어

가슴에서 자라는 정겨운 사람들
삭정이 무성한 나무처럼
서 있어

이국땅을 떠도는 큰놈과
지금껏 기계 앞에 앉았을 아내도
찬 서리에 단풍 든 나무처럼
흐득이는가, 흐득이는가.

# 준태의 오후

땅을 샀다네 안 팔란다네
전북도청과 대한방직의 줄다리기
무심히 십 년이 흐르고
아들과 아내의 웃음꽃 매달았던
벚나무 길가에 나뒹굴더니
도청사가 웅장한 자태를 드러냈다

눈치 빠른 사람들은 이서 땅에
뭉칫돈을 묻어 열 배로 올랐다는데
쓴 입맛에 길들여진 준태 처는
공영 아파트 두 평 옷가게에서
란제리 한 벌 앞에 놓고 시큰둥한
손님을 향해 쓴 입맛을 다신다

엊그제 회사에서 해고된 준태는
진한 화장으로 중년을 감춘
아내를 보다가
슬쩍 돌아서버린다
대로의 자동차는 잘도 달리는데
발바닥에 뿌리 뻗어 내린 듯

바람에 휘적거리는 나뭇가지처럼
준태의 오후가 가고 있었다.

# 어느 공휴일

사내가 펼쳐든 조간신문 전단지에서
퍼런 바다가 튀어 나왔다
남해－거제도－유람선
말복더위가 하얗게 부서져 내렸다

그런데, 관광버스는 북으로 북으로
가쁜 숨 토해내더니
금산 인삼 판매장에서 숨을 고른다
첫날밤 신부처럼
행사장으로 향하는 사람들

자리를 박차고 나선 사내의 뒤통수에
가이드의 눈빛이 따갑게 꽂힌다
할아버지 한 분이 사내의 뒤를 밟는다
'할아버지는 참 힘들게 사셨겠어요'
'자네도 나처럼,
고생고생 늙어가겠구만'

숯덩이를 닮은 선문답 뒤로
그들을 태운 무주행 완행버스가

능청능청 유행가 자락을 흩어놓는다
다 그런 거지 뭐 그런 거야~
그러 길래 미안 미안해~

눈을 감고 끄덕이는 할아버지 얼굴에
매미 엉덩이 주름이 굵고
사내의 휑한 눈동자에도
매운 여름이 지나가고 있었다.

## 자화상 · 3

제주도 수학여행 셋째 날
열두 시 취침시간이다
치킨 집 아저씨는
오토바이를 타고 왔다
학년부장과 아저씨의 소리가
번갈아 높아간다

열한 시 사십 분
열 명이서 이천 원씩
치킨 두 마리를 시켰다
꼭 열 두 시요
일 분이라도 안 돼요
똥개 아니, 학년부장이
미쳐 날뛰기 시작허거든요
이랬던 모양이다

겨우 오 분 늦었는데
일분이라도 늦은 건 늦은 겁니다
에이, 뭐가 이래 융통성이 없어
아이들한테는

시간관념이 중요합니다
그럼 이걸 어떡해
저야 모르죠
시간을 안 지킨 아저씨 책임이죠

그래, 나는
종일 검은 땅만 보고 걸었다
성판악에서 백록담까지
말이 끊기고
오토바이 소리 사납다.

## 생활

내 안에 스무 살 맥박이 산다
그런데, 공자는 성인이고 나는 범부여서
씁쓸하게 웃으면 그저 하루가 간다
일찍 일어나 마당이라도 쓸어야지
다짐은 술 취한 독백으로 끝나고
한 번도 여섯 시에 일어나지 못한다
출근하면 한 잔 진흙탕 커피 속에
사무실만 부산하게 헤매다가
말로는 그리도 쉽게 끊어 버리는 담배
시간마다 피우면서 신고한다는
뼈 있는 농담이나 듣고 산다
다섯 시 반이 되면 핏발 선 눈을 들어
멀거니 벽을 바라본다
디지털시계가 빨간 눈알을 부라린다
콘크리트 벌집 벌집들 사이로 저녁놀
가슴 서늘하게 늘어서면 나는 어느
허름한 가맥집에서 하얗게 거품을 문다
나인 듯
타인인 듯
붉은 얼굴을 단숨에 삼키고도

발기발기 찢겨진 오징어
씹어도 씹어도 질기기만 한 다리는
누구인가
질겅질겅 씹고 있는 것이다.

# 거울 앞에서

검은 숲에 가을바람
맑은 호수엔 뿌연 안개
세월의 발길질에 길들여진
높은 산 꼭대기
멀건 황토 흙 번들거린다
산 아래 그 옆 그 뒤로
거미줄처럼 늘어진 도로
젊은 국토여, 어이타
낯선 이국땅 언저리에서
그리, 서성이고 있는가.

# 난쟁이 나라

난쟁이 모여 사는 못난이 나라
미인도 이름이 큰 사람도 없는
모습도 이름도 모두 난쟁이 나라
어딘가 있었으면 좋겠어

아침저녁 키를 재는 나라 떠나
종종걸음 걷다가 절뚝걸음이라도
난쟁이만 들어설 수 있는 작은 문
하나만 있었으면 좋겠어

움푹 팬 지붕 위에 박 넝쿨
호박 넝쿨 제멋대로 넌출대고
숭숭 뚫린 돌담 사이사이 쥐들이
아무렇게나 들락날락거리는
별 볼 일이 없는 나라

소문 듣고 그 문 앞에 몰려 온
키 큰 사람들 서성서성
몸 낮추기 연습을 하는 그런 문
하나만 있었으면 좋겠어.

작품해설

# 낙숫물 소리

이세재
(시인)

■ 작품해설

# 낙숫물 소리

이 세 재(시인)

## 1. 이대준은 왜 시집을 냈는가

대부분의 노래가 그렇지만 특히 종교의 성가는 평소에 그 곡을 전혀 모르는 사람도 듣다 보면 리듬의 흐름을 파악하게 되고 어느덧 분위기에 젖어 함께 부르게 된다. 마찬가지로 시가 어렵기는 하지만 다 읽고 나면 흐릿하게나마 마음에 남는 그 무엇인가를 함께 느낀다. 이것은 인간의 영혼끼리는 통로가 있기 때문이라고 한다. 최고선에의 지향, 원죄의식이나 미의식 등이 그 예일 것이다.

신동엽 시인은 "시란 우리 인식의 전부이며 세계인식의 통일적 표현이며 생명의 침투며 생명의 파괴며 생명의 조직인 것이다. 하여 그것은 항시 보다 광범위한 정신의 집단과 호혜적 통로를 가지고 있어야 했다."라고 말한 바 있다.

광범위한 정신의 집단과 호혜적 통로를 가지고 있는 시의 본질이 '생명의 침투, 파괴, 조직'에 기초하고 있다는 것은 시가 생명, 곧 삶에 침투하여 파괴하고 재창조하려는 데서 탄생한다는 말이다. 이는 곧 인간의 시심은 그의 영혼이 숨 쉴 수 있는 삶을 추구하는 원초적 의식임을 의미한다.

다음 시를 보자.

> 코뚜레 줄 길게 늘어뜨린 누렁이 암소 앞마당 두엄자리 아래 철퍼덕 앉아 아침에 먹었던 쇠죽을 느릿느릿 새김질한다 게으른 앞동산 꿩들은 이제야 시장기가 돌아 퍼드드득 동네로 날아든다
>
> 나는 가을 들판이 누렇게 핀 쇠잔등에 검정 고무신 한 가득 진흙 퍼다 발라놓고 장독에서 메주콩 한줌 꺼내 진흙 속에 듬성듬성 꽂아둔다 장끼 녀석 고개를 두리번두리번 누렁이에게 아는 척을 하면서 콩알 하나 콕 찍어 빼 먹는다
>
> 간지럽다 암소가 파리를 쫓듯 꼬리를 흔들면 꼬리에 달아놓은 빨래방망이 꽝— 꿩 머리를 후려쳐 버린다 마루에서 지켜보던 나는 싱글벙글 기절한 꿩을 주웠다
>
> —〈어느 여름날의 꿈〉

세대에 따라 공감의 정서는 다르겠지만 이 시의 비현실

적인 상황을 우리는 받아들인다. 시 속의 상황을 상상하곤 빙그레 웃음이 지어지며 문득 고향을 떠올리고 마냥 즐거웠던 어린 시절의 친구들과 돌아가신 부모님까지 생각날 수도 있다. 그리고 그 생각 때문에 잔머리 굴려 일을 처리해야 하는 현실을 떠나고 싶어지기도 한다. 평화가 깃든 어느 시공간이 살짝 고개를 드는 이 그리움, 잔잔한 물결이 우리의 마음에 잠시 파문을 일으킨다.

이상은 이 시에 대한 이해의 일부이다. 시에 대한 감상에 정답은 없다. 시가 내포하는 바는 무궁한 것이어서 읽는 이의 처지에 따라 다양한 상상의 세계가 펼쳐지는 것이다. 한 모금의 물이 갈증 난 육신의 세포를 적시듯 한 편의 시가 주는 이미지가 메마른 영혼을 깨우기도 한다. 인간의 의식세포를 자극하는 이러한 영적반응은 신이 인간에게 부여한 축복이며 시는 그 축복의 메시지라는 말을 한다. 그러므로 시집을 엮는 일은 인간의 축복을 묶는 일이다.

한편 인간의 시심에 대한 이런 긍정적 사실과는 달리 현실적인 상황은 삭막할 수 있다. 흔히 듣는 말로 시가 밥 먹여 주느냐라는 물질주의의 비아냥거림도 그렇거니와 유명세가 없는 사람의 작품이라고 하면 "어쩐지……" 하면서 외면할 사람들이 십중팔구라는 것이다. 대상에 대한 피상적인 정보가 본질 파악의 기준이 되는 일반적인 세상, 특히 어떤 '권위'에 무참히 지배당하고 있는 우리의 의식은 무명 시인의 작품에 관심을 가질 리 없다.

이러한 사실들을 다 알면서도 왜 굳이 이대준은 시집을 엮었는가?

비록 시를 읽고 나서 뻔한 얘기이거나 뚱딴지같은 소리라고 비난하는 사람일지라도 자신의 말이 끝나자마자 자신의 의식세계에 와 닿는 어떤 느낌—여기에 시가 있다는 자각—만으로도 영혼의 갈증이 살짝 건드려지는 선천적 시심이 발동하리라는 걸 믿기 때문이다.

이 시집 속의 시를 단 한 편도 읽을 마음이 없는 사람일지라도 막상 이 시집의 표지를 보는 순간은 "어? 시집이네!" 하면서 무의식 속의 시적 영혼이 잠시 반짝 눈을 떴다 감을 것이다. 그 짧은 순간의 시심이 교감하는 소통을 그리며 이대준은 이 시집을 엮었으리라.

## 2. 도심을 흐르는 심산유곡의 물

지리산 줄기 남원 뱀사골 근처 다랑논에서 모내기를 하다가 목이 말랐는지 논두렁을 넘어 들어오는 계곡물에 머리를 박고 흐르는 물을 그냥 마시던 농부를 본 적이 있다. 언제부턴가 수돗물도 못 미더워 정수기로 거른 물을 마시면서 가끔씩 그 풍경을 떠올린다.

조금은 억지스러운 줄 알지만 이대준의 시를 지리산 계곡물에 비유하고 싶다. 복잡한 정수과정이 없어도 그냥 마실 수 있는 순수한 자연의 물이다.

옆 집 꼬마가 운다 / 꺼억꺼억 보챈다 / 할머어, 할머, / 이빨, 이빨이 없어

말귀가 어두운 할머니 / 손자 녀석을 / 꼬-옥 안아 / 등을 토닥거린다

지붕에, 더어, 더어, / 던져야 하는데 / 숨이 꼴딱, / 넘어가는 아이를

하늘님 하늘님 / 우리 손자 이빨 나게 / 해 주시라 닭똥 같은 / 눈물을 훔친다

— 〈이빨〉

문명과 거리가 먼 산골의 계곡물은 우선 이처럼 잊혀져 가는 과거이다. 도회지에서 나고 자란 요즘의 청소년 세대에게는 위와 같은 상황이 퍽 당혹스러울 것이다. 이대준 시의식은 할머니가 손자의 이빨을 뽑아 지붕에 던지던 이러한 유년기에서 싹이 튼다.

한 떼거리 가시내들 몰려와 / 몸뚱이에 벌건 생채기 / 갈퀴자국 남기고 돌아가면〈…중략…〉 소금 뿌린 듯 쓰라린 밤 / 갈퀴자국 고무신 자국엔 / 서릿발이 칼날로 우뚝 섰어라 / 산은 바람이 시키는 대로 / 휭~휭 소리쳐 울었다 / 밤새도록 울면서 / 환한 달빛만 거둬들였다 그가 자란 고향의 〈앞동산〉이다. 땔감으로 솔잎을 긁은 자국과 고무신 자국에 서릿발이 서고 찬바람이 몰아쳐도 환한 달빛을 바라보던 고향, 거기에는  등 뒤로 엇갈려 맨 / 책 보퉁이 /

부지깽이 달궈 / 구멍 두 개 내꺼 / 검정고무신 몇 짝 / 시끌벅적 가던 길〈…중략…〉 돌담 밑 토란잎에서 / 밤새 꿈을 키운 /물방울 몇 개가 / 재밌다고 대롱대롱 / 웃다웃다 지던 〈길〉이 있고, 숙아네 돌담에서 / 아침이 열리더니 / 골목을 굽이돌아 / 두 자씩 서너 자씩 / 수줍은 / 사랑 한 송이 / 샛노랗게 벌더라 // 사이길 넘나들며 / 파르 떠는 입맞춤 / 겉 속 다 검은 벌아 / 대캉 꺾어 옹다무니 / 숙아게 / 앗긴 내 혼이 / 지웅지웅 울던 〈호박꽃〉도 핀다. 이 속에서 자란 〈산골아이〉는 십이월 햇살 반짝이는 오후 / 엄마는 갈퀴나무 해오라 성화다 / 망태 둘러매고 산길 가는 아이 / 아무리 둘러봐도 갈퀴자국 뿐 / 솔잎이 없다 / 깊은 산 더 깊은 산 속으로 / 어디까지 왔을까 / 숲 속 저만치 너럭바위 보이고 / 먼저 온 토끼 녀석들 / 간을 씻어 바위에 널어놓고는 / 새근새근 맛나게 잠들어 있어 / 동그란 눈 토깽이 두 귀를 잡고 / 등에 진 붉은 노을 콧노래 / 흥얼흥얼 초가집 찾는 아이 로 그는 천진난만한 한 마리 '토깽이'였다.

Z. Barbu가 〈역사심리학〉에서 '사회와 환경이 개인의 정신 발달에 미치는 영향은 지각, 심상, 기억, 사고와 같은 정신의 여러 기능은 물론 그 구조적 성격에까지 작용한다.' 고 한 고전적 언급은 이미 정설이 되어있다.

이 말처럼 이대준의 정신세계 구조는 문명 이전의 깊은 산골 환경에서 이루어졌다. 그런고로 그의 시의식은 자연의 순수성에 뿌릴 박고 있을 것이며 상대적으로 현대의 물질문명에 대해 숙명적인 이질감을 가질 것이라 예측할 수 있다. 그런데 중요한 사실은 태어난 시간이나 공간이 위와 같다하여 누구나 맑게 흐르는 계곡물이 되는 건 아니다. 웅덩이에 갇혀 썩기도 하고 주변 나무의 수액이 되거나 짐승의 피가 되기도 한다.

돌부리와 나무뿌리 사이를 돌아 짐승을 피하면서 끊임없이 흘렀을 때 계곡물은 불순물을 정화시키며 온갖 무기질이 풍부한 자연수自然水가 된다.

앞서 이대준의 시를 계곡물에 비유한 것은 물론 그 구조나 언어가 우리에게 익숙한 것이어서 복잡한 사고과정을 거치지 않아도 쉽게 이해할 수 있다는 의미였다. 정수기의 물이 복잡한 과정을 거쳐서 마시는 물이 된다는 단순 논리와 비교한 것이다.

그러나 이것은 일차적 이유이고 사실은 심산유곡에서 흘러내리는 물이 얼마나 신선하며 고유한 것인지를 말하고자 함이 본론이다. 그 물은 산삼뿌리와 각종 광물의 미네랄이 풍부히 녹아있는 천연 약수藥水인 것이다. 물론 계곡물에는 간혹 나뭇잎이나 풀뿌리 같은 이물질도 떠내려 온다. 예컨대 식상한 교훈적 발언이나 낡은 문학교과서적인 표현이 그것이다. 이것은 그가 국어 교사로 오랜 기간 문학수업을 한 후유증으로 그건 그냥 건져내고 마시면 될 일이다.

이 계곡물 같은 그의 시의식을 음미해 보면 그저 시골에서 산토끼처럼 순박하게만 성장한 의식세계가 아니라 인간에 대한 깊은 사랑과 연민, 그리고 세상에 대한 아름다운 손짓과 정의로운 발짓을 내포하고 있다.

다음 시를 보면 자연과 인간에 대한 사랑과 연민의 정이 얼마나 아름답고 섬세한 지를 느끼게 될 것이다. 역사 속에 묻혀버린 적막한 한이 슬며시 살아나 마치 새댁의 눈물 한 방울이 가슴에 또옥 떨어지는 슬픔을 감지하게 된다.

> 호랑이 장가가던 날 / 김대감집 처마 끝에는 / 암탉 두어 마리
> 날개깃에 / 목을 묻었습니다 / 마루 밑에 누렁이도
> 활처럼 허리를 모으고 / 잠이 들었습니다
>
> 뒤뜰 감나무에서 / 단풍 든 이파리 하나 / 수직으로 나립니다
> 일모수죽에 기대어 / 무지개를 바라보는 / 새댁의 비녀 끝에서도
> 또ㅡ옥 / 빗방울 떨어집니다
>
> ㅡ 〈난설헌집 풍경〉

이렇게 섬세하고 유연한 감성이 정화되는 과정을 그의 시에서 살펴보자. 땡볕 모랫벌 건너 / 먼 별을 그리 / 가리키다가 / 검불된 목숨들 / 신기루처럼 / 언덕을 넘어도 //

무너진 세월 내내 / 가시 끝 세워 / 어둠을 뚫고 / 별 하나, 별 둘... / 꿰어 마침내 / 열어낸 / 꽃덤불 신새벽 〈선인장〉처럼 불볕 아래 모든 것이 말라붙는 사막에서도 붉은 꽃을 피우는 생명력을 얻고 안개비에 갇힌 / 나무 풀 이끼 낀 바위 / 무심히 젖는 산 / 보일 듯 말듯 흔들리는 / 몸짓이 하나 둘 셋.../ 하늘이 / 산마루가 / 보이지 않아도 / 흘리우는 염화미소의 〈야생화〉와 밤 세워 어둠을 밝히셨나 / 머슴밥 소복이 담은 듯 / 푸지게 빛나는 새벽 산 / 하얀 깁두른 나뭇가지가 / 사내에게 말을 걸어도 / 사내는 그저 걷기만 하는데 / 언제부턴가 / 사내의 볼에는 바알간 / 부끄럼꽃이 피어 있었다는 〈겨울산〉을 닮아갔던 것이다.

뿐만 아니라 땡볕 쏘인 콩잎 같은 하루 / 막걸리 집 문턱에 멈추어 서서 / 시뻘건 잉걸불 한 덩이를 본다 / 아버지 또 쇠죽을 끓이시는가 /···〈중략〉···/ 아버지 저기서 할아버지 얼굴에 / 핏기를 돌리시는가 / 생전에 들이키던 사발막걸리 / 하이고 환장하겄다는 〈노을〉의 가슴 먹먹하게 뜨거운 인간적 사랑이 땡볕 가득 담은 세숫대야 / 기력을 잃은 파리 한 마리 / 멈췄다 다시 비이잉 돈다 // 내 눈망울 속에서 / 파리는 화석으로 굳고 / 내 얼굴 또한 / 수면 깊숙이 스미더니 / 파리는 내가 되고 / 나는 파리가 되었다 // 내가 손을 내밀자 그제야 / 생명이 된 파리는 / 신에게 인사하는 듯 / 내 생명을 기원하는 듯 / 한동안 앞발을 비비더니 / 태양을 향해 사라졌다 // 부처의 손바닥 내 손을 /

물끄러미 보았다 / 나에게 부처가 어디 있더냐 / 대얏물에 동동 뜬 얼굴이 / 희미하게 웃고 있을 때 / 언제 나왔을까 등 뒤로 / 수건을 든 여인 〈아내〉에 이르면 이미 세속의 번뇌를 승화시킨 미소로 번짐을 느끼게 된다.

사람에 대한 진실 된 연민과 사랑은 상대가 고난에 처했을 때 내미는 손길이다. 이대준의 시의식은 오늘날 우리의 고난이 물질주의의 그늘에서 비롯되었다고 여긴다. 도심의 빌딩숲을 헤매는 군상들의 삶이 곧 청명한 심산유곡을 떠나 아스팔트 위를 흐르는 자신의 슬픔과 동일시되었으리라. 그리하여 친구야 우리 이제 / 창문을 열자 / 와상은 없어도 옛날처럼 / 하늘엔 아직도 / 달 / 별 / 구름 / 서걱서걱 / 흘러가고 있으니... 아름다운 꿈을 잃지 말자고 〈부채의 노래〉를 부르며 삭막한 도시에 서늘한 계곡물 소리를 내고 있는 것이다. 배신과 착취가 아토피처럼 치유되지 않는 세상에서 실핏줄까지 따뜻한 손길로 아픈 이들을 껴안고자 하면서.

> 내게도 사랑이 있어 / 멋대로 톡톡 잘라 / 이별을 칼질하지 마

> 물것들이 물든 세상 / 날마다 붉어 오는 / 네 아토피의 흔적

내 손끝의 실핏줄이 / 네 등판 구석까지
—살—강—살—강— / 굵으면서 살 거야

— 〈손톱〉

## 3. 적수천석滴水穿石

평소 이대준을 잘 아는 사람들도 그의 독특한 어법에 당혹스러워 할 때가 많다. 억지도 아닌 고집도 아닌 그렇다고 수긍할 수도 없는 참 답답하면서도 또 옳은 그의 문법 때문에 헛갈리기 일쑤다.

계곡을 떠나 이제 자본주의 문명의 도심을 흐르게 된 이대준의 의식이 더 이상 휘돌아 흐를 수 없는 암벽에 갇혔기 때문일 것이다. 그 절망, 분노, 안타까움 등이 뒤섞인 소리가 정상일 리 없다. 그러나 그 소리를 귀담아 들어보면 소용돌이치는 폭포 소리가 아니라 또옥 똑 한 방울씩 떨어지는 낙숫물 소리이다.

초등학교 3학년 때 참 이상한 급훈 / 바위를 뚫는 낙숫물이 되자

처마 끝에 겨우 모인 물방울이 / 바위를 뚫을 수 있는가
연신 쫑알거리며 / 큰 돌 작은 돌 튄 길을 걸었다

짝사랑 숙아와 결혼하던 날 / 발부리 걸어 생채기를 냈던

돌들

슬그머니 품 안에 녹아들 때에야 / 어렴풋이 그 뜻을 알 것도 같았다

머리털이 하나 둘 빠져나가고 / 처마 밑에 앉아 담배를 피우는 내 / 정수리에서 반짝 흩어진 목숨아

옛날의 가르침 다시 선문답 되어 / 처마 끝에서 대롱거린다

— 〈낙숫물〉

친일파의 시를 논할 때 흔히 이존책以存策을 지적한다. '구부러짐의 형이상학'이라 하여 절대권력의 세계에서 눌린 자들이 살아남기 위해 가져야 했던 현실주의를 말한다. 즉 거센 바람에는 몸을 눕혀 부러지지 않고, 바위가 있으면 부딪쳐 깨지지 않고 돌아가 우선은 존재함으로써 후일을 기약할 수 있다는 논리이다.

그런데 이대준의 〈낙숫물〉을 읽으면 그 이존책이 무색해진다. 현실이 바위라 할지라도 낙숫물로 무한히 부딪치다 보면 언젠간 뚫어진다는 적수천석滴水穿石— 이 우직함에서 비롯된 이대준의 어법이었기에 사뭇 영리하게 살아가는 우리들이 이해하기에는 참으로 어려울 수밖에 없었나 보다.

그는 바위를 돌아가는 비겁한 물도 아니고 그렇다고 또

폭포처럼 무식하게 부서져 내리는 물도 아니다. 친구와 밤새 술잔을 부딪치고 유행가 한 자락에 놀라 / 눈꽃송이 흩어진다 / 보름달보다 환한 / 설원이 흐른다 여전히 / 봄을 손가락질하는 나무 // 홧김에 발길질을 하고 / 오줌을 뿌려보지만 / 고독 한 모금을 꿀컥 / 삼켜버린 나무는 / 부르르 떠는 / 취객을 아랑곳 않는다 며 〈겨울나무〉처럼 탱탱히 서서 모가지 졸라매고 삼년을 꼬리치다 / 미우나 고우나 꼬랑지만 흔들다가 / 초복인가 중복인가 /개기름 삐질삐질 찾아 온 개장수 놈 / 그 개백정 놈한테 모가지 질질 끌려 / 쇠창살에 처박힌 나 똥개 똥개... /...어떤 놈은 똥개 혈통 / 어떤 놈은 귀족 혈통 〈똥개송〉으로 짖어대며 도시의 바위벽에 한 방울씩 떨어진다.

그렇다고 이 낙숫물은 바위를 녹이는 독성이나 돌을 뚫는 쇳날을 품고 있는 것 또한 아니다. 오히려 가마솥에 끓여낸 국숫물을 / 시궁창에 쏟아 붓는 어머니의 행위마저 걱정이 되는 차도에 납작 붙어 맨살로 / 기어가는 순한 목숨 〈지렁이〉나 용머리 고개를 오른다 / 궤도를 벗어난 별이 / 빠르게 죽어간다는 것 / 이제야 알았다는 듯 종이 박스를 수집하는 〈손수레 할아버지〉나 소문 듣고 그 문 앞에 몰려 온 / 키 큰 사람들 서성서성 / 몸 낮추기 연습을 하는 그런 문 / 하나만 있었으면 좋겠다는 〈난쟁이 나라〉의 난쟁이들이나 공장이 즐비하게 늘어선 동네 / 전주시 팔복동 팔복감자탕집에서 라인 밖으로 튀어나온 테니스공들처럼 모여 앉아 팔복팔복 / 감자 닮은 세월을 끓여내고 있는 노동자들이나 그가 키우는 장미마저 / 죽고 없는 까만 밤은 / 무심히 흘러서 가고 어제도 / 실패한 동트기는 연습인 양 / 오늘도 쉽게 되풀이 된다며 빈 주머니 뒤적이는 〈실업〉 시대의 군중들처럼 가난하고 소외된 자들을 껴안는 뜨거운 눈물의 낙숫물이다.

자본주의에서 소외와 가난이 무능력을 의미한다면 이러한 이대준의 시는 공허한 외침에 지나지 않을 것이다. 그러나 자본주의에서의 능력에는 비인간적 폭력과 비리와 착취와 기만이 바윗돌처럼 박혀있고 그 바윗돌은 가난과 소외를 받침대로 삼고 있다. 이처럼 비열한 자본의 능력과 물질적 풍요가 정신적 순수함을 완전히 잠식하게 되면 인간은 더 이상 꿈을 가질 수 없을 것이다. 이런 현실을 고발하면서 물질과 정신의 균형을 이루고자 이대준의 낙숫물은 선한 민중의 꿈을 안은 뜨거움으로 바위를 녹이며 떨어진다.

그러다가 현실이 견딜 수 없이 혹독해지면 차라리 한 방울씩 얼어붙어 〈고드름〉이 된다. 아침 햇살이 들지 않는 뒤꼍 / 처마 끝을 붙잡고 / 오롯이 한밤을 견딘다 // 바람이 불고 어둠 깊을수록 / 눈물 한 방울 떨구는 법 없다 / 안으로 안으로 / 단단한 투명 빛 빚어 / 스스로 빛이 되고야 만다 // 우리가 두툼한 외투를 입고 / 자동차 바퀴에 끈끈이 액을 뿌리고 / 쇠사슬까지 감아두고도 / 행여, 미끄러질까 빙판길에 / 고분고분 길들어갈 때 // 고드름은 / 날이 풀리는 때를 기다려 / 거침없이 / 언 땅에 부서져 버리는 냉철한 지성의 실천자가 되기를 주저하지 않는다. 이 고드름 부서지는 소리는 현실이 얼마나 안타까웠으면 다음 시의 포효를 꿈꾸는 것일까.

엄마랑 누나 동생들이랑 / 고구마 캐던 황토밭 잡초 / 헝클어졌다

알곡을 사냥하여 살진 그들 / 때문이란다 / 숲 속 명당마다 궁궐을
짓고 사는 그들은 / 야생동물보호법을 만들어
눈도 겨누지 말라 / 으름장을 놓고 산단다

신령스럽다는 단군의 나라 / 이 땅이 언제 적부터
땅만 파도 좋던 할아버지도 / 아버지도 아닌 그들을
주인으로 섬겼단 말인가
〈중략〉
논바닥 여기저기 / 꿀꾹꿀꾹 인장을 눌러 찍은 / 부끄러운 자랑
환하게 지워 낼 호랑이 / 그 산신의 포효는 영영 / 듣지 못하는 것인가.

— 〈묵정밭〉

이상과 같이 이대준 시의식의 구조를 살피고 보면 이 시

집의 대부분을 차지하고 있는 도시적 삶에 대한 부딪침과 속삭임이 허투루 들리지 않을 것이다. 이 시집의 편집을 보면 과거와 현재가 맞물려 있다. 도시적 삶의 현실을 자신의 의식세계로 반추해 보고자 하는 의도인 것 같아 이러한 부딪침이 더 실감난다.

결국 이 시집의 작품들을 종합해보면 〈어느 여름날의 꿈〉이 단순한 유년의 기억으로써 우리의 그리움을 자극하는 서정적 풍경만은 아니다. 꿩은 현실세계의 부정적 존재이며 암소는 그 존재를 극복할 수 있는 순수한 힘의 상징이라는 현실 비판적 해석이 가능해진다.

그러나 이대준이 위와 같은 상징적 해석을 미리 계산하고 쓴 건 아니다. 시는 주로 영감에 의하여 쓴다. 영감이란 무의식의 발로이다. 그래서 시는 무의식 세계에서 꾸어지는 꿈처럼 써진다. 이 시의 제목이 〈어느 여름날의 꿈〉인 것도 이와 관련이 있으리라. 꿈 이야기를 들으면 먼저 그리움, 슬픔, 분노 등의 정서가 유발되고 이어서 그 꿈을 해몽하고 싶어진다. 해몽은 꿈을 형성한 잠재의식을 종합적으로 해석한 것이다. 이 해몽과 같은 것이 시에서는 상징적 의미이다.

그러므로 우리가 시를 읽는 일은 신비한 인간의 의식세계를 탐색하는 일이며 이를 통해 새로운 지각, 심상, 기억, 사고, 판단 등을 공유하는 일이다. 유년시절부터 중견 교사에 이르기까지 이대준의 일기장과 같은 이 시집은 특정한 개인이 아닌 창조된 인간상의 의식세계이다. 마치 소설을 읽듯 읽다보면 또 하나의 이대준을 만나리라 생각한다.

그리하여 앞서 밝힌 신동엽 시인의 말처럼 우리가 시를 통해 보다 광범위한 정신의 집단과 호혜적 통로를 갖는 기회가 되기를 기대해 마지않는다.

## 4. 후기

이대준과 나는 사제지간이다. 국어선생이 국어선생을 제자로 두어 나는 참 행복했다. 철학이 같은 사람끼리는 죽고 못 산다고 했는데 평생을 같은 학교에서 철학보다 더한 시를 얘기하다가 어느덧 나는 교단을 떠난다.

그동안 나는 이대준에게 시보다는 소설을 쓰라고 했다. 그에게는 서정성보다 서사성이 강했다. 그리고 그의 언어는 너무나 정직했다. 시의 맛은 함축성에 있다고 해도 그는 도무지 숨겨 표현할 줄을 몰랐다. 시는 거짓말이라 했음에도 그는 끝내 거짓말을 못했다.

시나 소설이나 공부를 많이 해야 한다고, 그래서 문단에 데뷔를 해야 마음 편하게 자신감을 갖고 작품을 만든다고 귀가 아프게 말했지만 그는 모두 무시했다. 그냥 써지는 대로 쓰겠다는 고집을 꺾지 않았다. 그렇게 우린 수십 년을 함께 했다.

그가 처음부터 본격적인 시 공부를 했다면.....이라는 가정을 가끔 해보았다. 그의 의식세계가 얼마나 소중하고 힘찬 시적 에너지를 갖고 있는지 잘 알기 때문이었다.

그러나 이젠 이러한 모든 생각이 부끄러워졌다. 나는 이대준처럼 오염되지 않은 깊은 산의 계곡물이 아니라는 걸 이 시집을 받고 깨달았기 때문이다.

퇴임 기념으로 시집을 하나 더 엮고 싶었는데..... 그냥 이 시집에 함께 이름을 올려달라고 떼쓰고 싶어진다. 그리고 오염된 영혼을 씻으러 깊은 산속을 찾아가야겠다.

이대준 시집

# 어느 여름날의 꿈

**인쇄** 2015년 02월 13일
**발행** 2015년 02월 17일

**지은이** 이대준
**발행인** 서정환
**펴낸곳** 신아출판사
**주소** 전북 전주시 완산구 공북 1길 16(태평동 251-30)
**전화** (063) 275-4000 · 0484 · 6374
**팩스** (063) 274-3131
**이메일** shina2347@naver.com sina321@hanmail.net
**출판등록** 제465-1984-000004호
**인쇄 · 제본** 신아출판사



**ISBN** 979-11-5605-185-5 03810
값 10,000원

이 도서의 국립중앙도서관 출판예정도서목록(CIP)은 서지정보유통지원시스템 홈페이지(http://seoji.nl.go.kr)와 국가자료공동목록시스템(http://www.nl.go.kr/kolisnet)에서 이용하실 수 있습니다.(CIP제어번호: CIP2015005091)

Printed in KOREA